Herzliche Segenswünsche

Gebet zum Geburtstag

Herr,
segne meinen ersten Tag
und den letzten Tag.
Segne die Stunden,
die du mir schenkst.
Was ich berühre, was ich höre,
was ich sehe, was ich rede,
soll gesegnet sein.

Herr,
halte mich in deinen Händen,
deinen Ohren, deinen Augen,
deinem Herz.
An diesem Tag und
alle Tage meines Lebens.

Dankbarkeit
für das Leben

Liebe

Geheimnis der Liebe

In die Natur ist ein Geheimnis der Liebe eingebaut. Ich finde es fantastisch: Das Klopfen meines Herzens, hundertdreitausend Mal am Tage, gratis. Es ist nicht zu glauben, ich atme jeden Tag zwanzigtausend Mal, und für die 137 cbm Luft, die ich dazu nötig habe, wird mir keine Rechnung ausgestellt. Die wesentlichen Dinge des Lebens sind umsonst:
Sie werden dir gratis gegeben.

Ich frage mich, wie viele Flüge von wie vielen Bienen nötig waren für das kleine Löffelchen goldgelben Honigs zu meinem Frühstück? Und wie viele Blumen dazu blühten? Und wer die Sonne scheinen ließ, denn wenn es regnet, fliegen sie nicht.

Der herrliche Apfel, woran ein Apfelbaum die ganze Saison gearbeitet hat. Für jedes Stück Brot, das ich esse, hat jemand ein Saatkorn in die Erde gelegt. Ein Wesen, größer als der Mensch, hat in das Saatkorn den Überfluss blühenden Getreides gelegt. Ich liebe das Saatkorn, das in der Umarmung der warmen Muttererde emporwächst, um Scheunen voll Getreide zu geben für das Brot der Menschen. Ich liebe das Brot, das der Bäcker mit Liebe backt. Das Brot ist eine Gabe von Himmel und Erde, durch Gott an die Menschen und durch die Menschen an Menschen gegeben.

Ich fühle mich geliebt bis in meine Zehenspitzen. Ich möchte danken, aber sag mir, wem ich danken muss! Keinem Präsidenten oder General, keinem Professor oder Technokraten - Gott will ich danken!
Gottes Gesetze sind Gesetze der Liebe.

Phil Bosmans

Mein Schöpfer kennt mich durch und durch

Herr, du kennst mich durch und durch.
Ob ich sitze oder stehe, du weißt es,
du kennst meine Pläne. Ob ich tätig bin
oder ausruhe, du siehst mich; jeder Schritt,
den ich mache, ist dir bekannt.

Von allen Seiten umgibst du mich,
ich bin ganz in deiner Hand.
Egal wo ich hingehe oder mich verstecke -
du lässt mich nicht los.

Du hast mich geschaffen mit Leib und
Seele. Dafür danke ich dir. An mir selber
erkenne ich: Alle deine Taten sind Wunder!
Du sahst mich schon fertig,
als ich noch ungeformt war. Im Voraus hast
du meine Tage aufgeschrieben,
noch ehe der erste begann.
Wenn ich in Gefahr bin, mich von dir zu
entfernen, dann bring mich zurück
auf den Weg zu dir!

Nach Psalm 129

Ich bin ein Wunder

und wieder bin ich ein Jahr älter.
Ich könnte mich darüber ärgern,
dass die Falten im letzten Jahr
nochmals zugenommen haben,
und es auch um die Hüften herum
etwas mehr geworden ist,
dass die Haare grauer werden und
die Jahre an meinen Kräften nagen.
Ich könnte ...

Aber ich will Dir lieber dafür danken,
dass ich das letzte Jahr leben durfte,
dass die Falten von meinem Lachen,
von meinem Grübeln,
von meinem Reifen zeugen,
dass die volleren Hüften
ein Zeichen dafür sind,
dass ich mehr zum Leben habe,
als ich vielleicht brauchte,
dass jedes graue Haar
meine Würde zeigt,
und dass Du mir für jeden Tag
die Kraft gegeben hast,
die zum Leben nötig war.

Das will ich: Dir danken.
Auch das kommende Lebensjahr ist
ein Geschenk von Dir an mich.

Ich habe keine Ahnung,
was es bringen mag:
es werden gute Tage dabei sein -
aber auch Tage,
die mich verzweifeln lassen.
Es wird Lachen
aus tiefstem Herzen geben -
aber auch bittere Tränen.

Was auch kommen mag:
ich bitte Dich,
dass Du mich nicht verlässt,
dass Du mich
in Deiner Hand geborgen hältst -
und ich in allem
Deine Nähe spüren darf.

Amen

Unser Blick macht den Unterschied

Eine 89-jährige Frau beschloss nach dem Tod ihres Mannes von nun an in einem Altersheim zu leben. Was sollte sie noch alleine in dem großen Haus? Den ganzen Tag alleine sein - das konnte sie sich nicht vorstellen für den Rest ihres Lebens. Sie liebte Gemeinschaft und gute Gespräche. In ihrem neuen Zuhause angekommen, wurde sie freundlich von einem jungen Mann an der Tür empfangen, der sie dann auf ihr neues Zimmer führte.

Sie bedankte sich und ging langsam neben dem jungen Mann her, der ihr seinen Arm zum Einhaken anbot. Die Frau war noch keine fünf Minuten in dem Altersheim, da sagte Sie mit strahlenden Augen: „Hier gefällt es mir sehr gut."
Der junge Mann schaute sie irritiert an und meinte, sie sei doch gerade erst angekommen und habe noch gar nichts gesehen und erlebt.

Die alte Frau schaute ihm voller Ruhe in die Augen und sagte: „Wissen Sie, junger Mann, ob ich mein neues Zuhause hier mag oder nicht, hängt nicht von der Einrichtung, den Angeboten, dem Essen oder den Mitbewohnern, sondern von meiner Einstellung ab. Von der Art, wie ich selbst auf die Dinge blicke. Wie ich sie sehen möchte. Ich treffe jeden Morgen die Entscheidung, glücklich zu sein. Ich betrachte mein Leben als etwas Wunderschönes und bin Gott jeden Tag neu dankbar. Ich kann mich bewusst dazu entscheiden.

Ich habe die Wahl. Ich kann auf das schauen, was ich in meinem Alter nicht mehr kann, weil die Augen oder die Gelenke nicht mehr so wollen. Oder ich kann dankbar sein für das, was ich noch kann, was mir Freude macht und mir Leben schenkt. Jeder Tag ist ein Geschenk, und ich will Gott danken für all die schönen Momente meines Lebens, die ich erleben durfte und noch erleben darf."

Der junge Mann war tief berührt. Schweigend brachte er die Frau in ihr neues Zuhause.

Bei Gott
zur Ruhe kommen

Möge Gott

auf dem Weg, den du vor dir hast,
vor dir hergehen.
Das ist mein Wunsch
für deine Lebensreise.
Mögest du die hellen Fußstapfen
des Glücks finden
und ihnen auf dem ganzen Weg folgen.

Möge Gott

dein Schiff lenken, wenn du
bedrückt durch Stürme gehst,
er halte flach die Wellen
und zeige dir das nahe Ufer.
Er sei deine Zukunft und dein Licht
auf hoher See.

Irischer Segenswunsch

Der unsichtbare Gott

Der Schüler fragte den Meister: „Wie kann ich erfahren, dass Gott überall ist?" Da füllte der Meister eine Schüssel mit Wasser und schüttete Salz hinein.

Nach einem Spaziergang bat der Meister: „Jetzt hole mir das Salz, das ich in die Schüssel getan habe!" Aber der Schüler fand es nicht mehr, weil es sich im Wasser aufgelöst hatte.

„Du siehst das Salz nicht mehr?", fragte der Meister. "Dann koste etwas vom Wasser am Rand der Schüssel. Wie schmeckt es?" - „Salzig." - „Dann probiere etwas aus der Mitte! Wie schmeckt es?" „Genauso salzig wie das auf der Oberfläche."

„Und jetzt probiere es vom Grund der Schüssel!" Der Schüler probierte und es war wieder gleich salzig. „Verstehst du?", sagte der Meister. „Wenn ich Gott 'Salz' nenne, dann weißt du jetzt, dass er unsichtbar sein kann und doch überall!"

Aus China

Die Frage kennen wir wohl alle. Woher können wir wissen, dass Gott überall ist? Und noch viel wichtiger, dass er überall für uns da ist. Immer und überall.

Gott ist für unsere Augen nicht sichtbar. Wir können ihn nicht sehen oder berühren. Wir können uns nicht einfach mit ihm bei uns zuhause auf eine Tasse Kaffee verabreden. Das ist nicht immer einfach. Es gibt immer wieder Momente in unserem Leben, egal wie alt wir sind, in denen es drunter und drüber geht. Zeiten, die uns durchschütteln, uns Kraft rauben und manchmal bis an den Rand der Verzweiflung bringen.

Solche Gefühle kennt jeder von uns. Es sind Situationen, die wir meist nicht verstehen, uns alleine und verlassen fühlen. Gerade dann kommen diese Fragen in uns auf: Ist Gott wirklich da? Ist er wirklich immer und überall an meiner Seite? Unsere Gedanken und Gefühle wollen uns das Gegenteil einreden.

Aber Gott macht uns in der Bibel ein Versprechen:

Ich bin bei euch. Alle Tage.

Wir lesen es hier schwarz auf weiß. Die Antwort auf unsere Frage hat etwas mit Vertrauen zu tun. Vertrauen darauf, dass dies kein leeres Versprechen Gottes ist, sondern seine Verheißung für unser Leben. Im Nachhinein erkennen wir oft, dass Gott gerade in schweren Zeiten bei uns war, dass er uns getragen und getröstet hat.

Wir dürfen seine Liebe spüren in der Umarmung eines Freundes. Wir dürfen seine Ruhe erfahren bei einem Spaziergang durch den Wald. Wir dürfen seine Kraft tanken, wenn wir mit anderen gemeinsam beten. Wir dürfen seinen Trost erfahren durch einen liebevollen Brief. Auf diese Weise ist Gott auch bei uns.

So wie das Salz das ganze Wasser in der Schüssel druchdrungen hat, möchte auch Gott unser Leben mit seiner Liebe, Kraft und Hoffnung durchdringen. Er möchte unserem Leben Würze und Geschmack geben. Das ist sein Geschenk an uns.

Darin dürfen wir immer wieder zur Ruhe kommen. Ein neues Lebensjahr liegt nun vor Ihnen. Egal auf welcher Etappe Ihrer Lebensreise Sie sich gerade befinden. Wir dürfen immer wieder neu Vertrauen lernen und erleben, dass Gottes Liebe tragfähig ist. Auch wenn nicht immer alles so läuft, wie wir es uns vorstellen und wünschen. Wir dürfen trotz aller Umstände ein Herz voller Ruhe und Frieden haben. Das ist ein Lernprozess. Aber egal wie alt Sie heute werden, Sie dürfen immer weiter lernen und sich verändern.

Jesus verspricht uns:

*Meinen Frieden gebe ich euch;
einen Frieden, den euch niemand
auf der Welt geben kann.
Seid deshalb ohne Sorge und Furcht.*

Johannes 14,27

Nur auf Gott vertraue ich und bin ruhig; von ihm allein erwarte ich Hilfe. Er ist der Fels und die Burg, wo ich in Sicherheit bin.

Psalm 62,2-3

Ein guter Tag für Seifenblasen

Es gibt Tage, die kann man schon knicken. Da hat man mit dem Chef die wichtigsten Details besprochen. Der Chef erklärt es seinem Polier, aber irgendwie ein bisschen anders. Der Polier erklärt es den Gesellen. Am nächsten Tag kommt man wieder auf die Baustelle und man bekommt einen Schreck: Du liebe Zeit, was haben die denn da gemacht? Und dann denke ich, dass auch in meinem Beruf das halbe Leben aus Missverständnissen besteht.

Ziemlich aufgewühlt fahre ich nach dem Baustellenbesuch wieder in Richtung Büro. Die Sonne scheint und es ist ordentlich windig. Wilde Wolken ziehen am Himmel. Also aussteigen und einen kurzen Spaziergang machen, um die Gedanken zu sortieren.

Von ferne kommt mir jemand in einem Rollstuhl entgegen. Als er näher kommt, merke ich, dass er nicht nur körperbehin-

dert ist. - „Guten Tag", sagt er sehr langsam und bedächtig, und weiter, „heute ist ein toller Tag für Seifenblasen!" Etwas ungläubig schaue ich ihn an. Da holt er aus seiner Manteltasche eine kleine Flasche Seifenblasen, schüttelt sie, schraubt sie auf und hält den Stift in den kräftigen Wind. Plötzlich tanzen Seifenblasen übers Feld, große, kleine, bunte, hunderte. Er lacht und freut sich.
„Sind sie nicht schön?", fragt er.
„Ja", sage ich, „sie sind wunderschön!"
„Nun muss ich weiter", sagt er, „ich suche mir nämlich den nächsten Sturmplatz."

Ich sehe ihm nach, wie er sich fröhlich mit seinem Rollstuhl auf den Weg macht und merke plötzlich, dass es mir deutlich besser geht.

Joachim Krampitz

Wunderschön

Geborgen

Wenn du Angst hast,
komm zu mir.
Ich gebe dir die Kraft, die du brauchst!
Wenn du allein bist, komm zu mir.
Ich halte dich und gebe dir
die Geborgenheit, die dich stützt!
Wenn du traurig bist, komm zu mir.
Ich reiche dir die Schulter,
an der du dich ausweinen kannst!
Vertraue mir, denn ich bin bei dir...
werde immer bei dir sein.
Wir sind Freunde auf ewig
und egal was geschieht,
ich bin so glücklich,
dass es dich gibt!

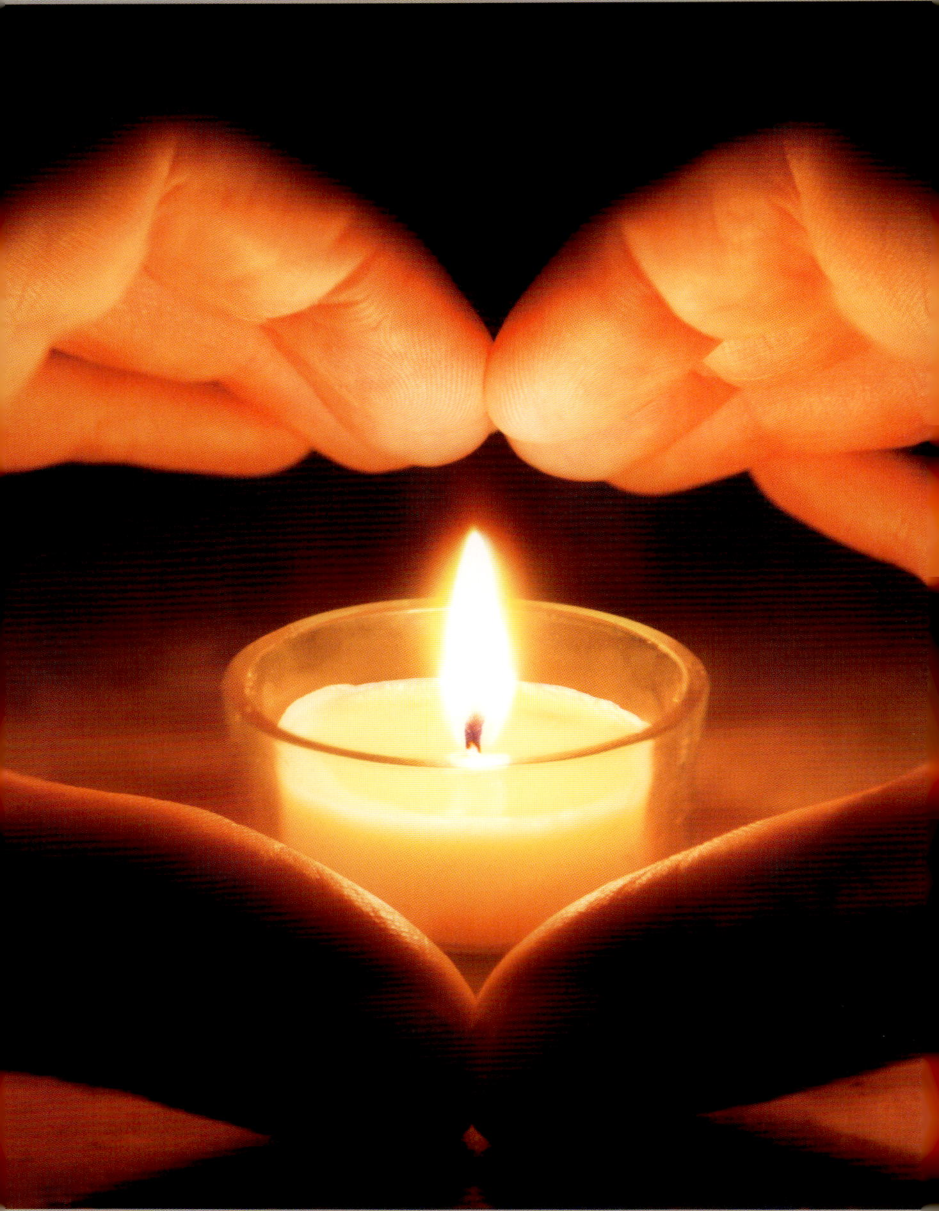

Von gottes
LIEBE
früh und spät
umgeben,
erleben wir gewiss
den neuen tag.
Gott
stärkt uns doch
am abend und
am morgen mit
seinem wunder-
baren rat.

Christian Trebing

Mit Gott
das Leben feiern

Jesus sagt:
Ich bin das Leben

*Ich bin das A und das O,
der Anfang und das Ende.
Ich will dem Durstigen geben
von der Quelle des
lebendigen Wassers umsonst.*
Offenbarung 21,6

Ich bin das Brot des Lebens.
Johannes 6,48

*Ich bin der Weg
und die Wahrheit
und das Leben;
niemand kommt zum Vater
denn durch mich.*
Johannes 14,6

Ich lebe und ihr sollt auch leben.
Johannes 14,19

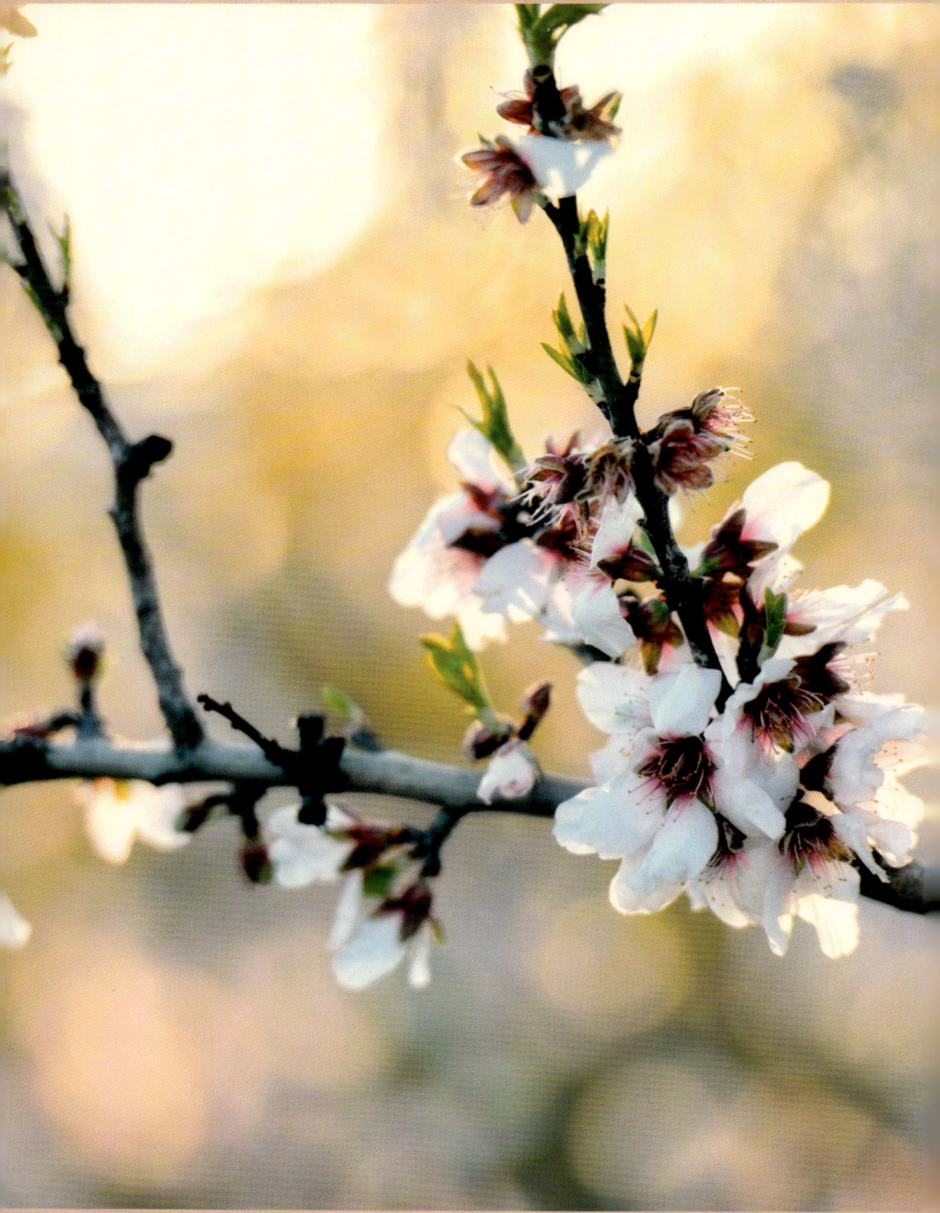

Leben heißt Veränderung

Der Baum spricht im Herbst: „Schade, dass ich die Blätter verliere. Niemals wieder werden sie und ich wie vorher sein!" Seine Knospen aber sprechen: „Warte! Die neuen Blätter werden ihre eigene Persönlichkeit haben. Sie freuen sich auf den neuen Sommer, der niemals genau wie der vergangene sein wird. Leben heißt sich verändern: Vergiss, an was du dich gewöhnt hast. Nach dem Winter mit Tagen kalter Verzweiflung kommt der Frühling mit neuer Blütenpracht."

Wir haben schon einige Jahre an Leben hinter uns. Doch das ist kein Grund aufzugeben und sich mit bestimmten Umständen zu arrangieren. Wir dürfen uns auch im hohen Alter immer neu erfinden und verändern. Auf uns wartet immer ein neuer Frühling. Gott hat uns dieses Leben geschenkt und es darf immer wieder in voller Blütenpracht erblühen.

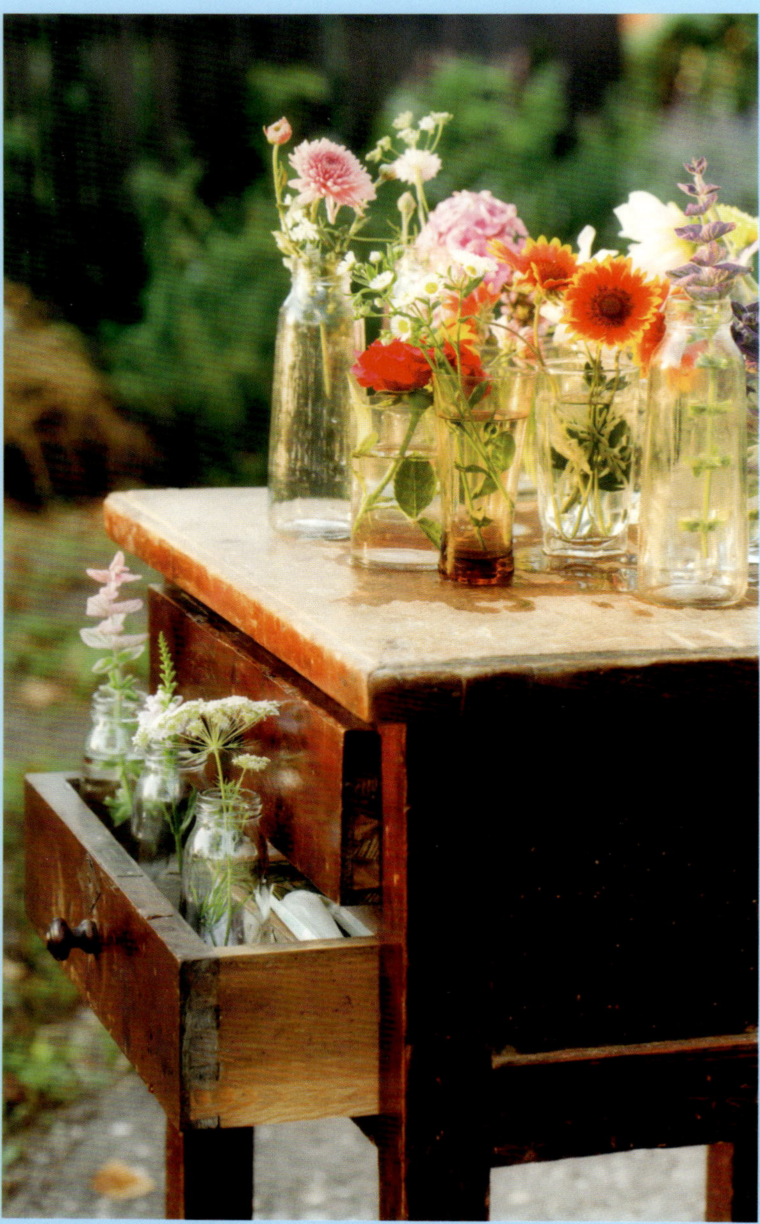

Ein Wunder erleben

Eines Tages entdeckte Franziska im Garten eine kleine schwarze Raupe. Sie zeigte sie stolz ihrem großen Bruder Max. Der kannte sich aus und sagte zu ihr: „Setz sie in ein Glas und füttere sie jeden Tag mit Grünzeug. Und du wirst überrascht sein und ein Wunder erleben."

Die Raupe wurde von Tag zu Tag dicker und fetter. Doch eines Morgens war sie weg. Stattdessen sah Franziska ein kleines Bündel, was aussah wie ein verwelktes Blatt. „Nein, sie ist nicht tot", besänftigte Max seine weinende Schwester. „Aber sie bewegt sich doch gar nicht mehr!"
„Aber innen ist sie lebendig, auch wenn du es nun noch nicht sehen kannst", sagte Max.

Und damit hatte Max recht. Ein paar Tage später schälte sich aus dem kleinen braunen Bündel ein Schmetterling. Er entfaltete seine Flügel und bewegte sie langsam auf und ab. Wunderschön! Franziska konnte sich nicht sattsehen. Dann öffnete sie das Fenster und beobachtete, wie der Schmetterling raus in den Garten flog.

Die Schöpfung pulsiert. Sie strahlt uns an in ihrer ganzen Pracht. Das Leben ist ein Geschenk und wunderbar von Gott durchdacht. Ein Spaziergang durch den Garten stellt uns Gottes Liebe immer wieder vor Augen. Kreativ und einzigartig hat er alles geschaffen. Bis ins Detail durchdacht. Wir dürfen uns daran erfreuen und die Schöpfung genießen.
Wenn Sie das nächste Mal in Ihrem Garten sind oder einen langen Waldspaziergang machen, nehmen Sie sich die Zeit und schauen sich um. Schauen Sie genau hin. Sie werden überrascht sein und ein Wunder nach dem anderen erleben.

Leben

Ihr Lieben, wir wollen einander lieben, denn die Liebe kommt von Gott!

Das Einzigartige an dieser Liebe ist: Nicht wir haben Gott geliebt, **sondern er hat uns geliebt.**

nach 1. Johannes 4

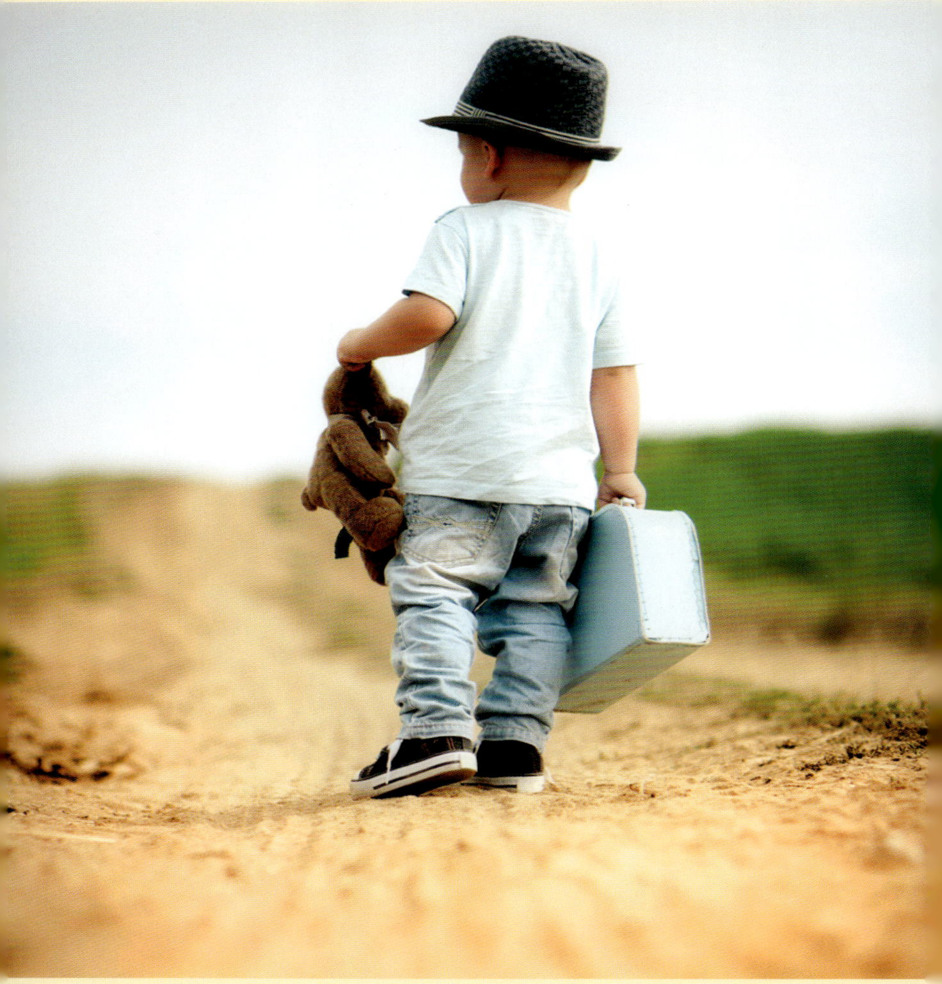

Mit Gott zu Mittag gegessen

Es war einmal ein kleiner Junge, der unbedingt Gott treffen wollte. Er war sich ganz sicher, dass der Weg zu dem Ort, an dem Gott lebt, ein sehr langer sein muss. Also packte er sich seinen Koffer voll mit Flaschen leckerer Limonade und mehreren Schokoriegeln und machte sich auf die Reise.

Er lief eine ganze Weile und kam irgendwann in einen kleinen Park. Dort sah er eine alte Frau, die auf einer Bank saß und den Tauben zuschaute, die vor ihr nach Futter auf dem Boden suchten.
Der kleine Junge setzte sich zu der Frau auf die Bank und öffnete seinen Koffer. Er wollte sich gerade eine Limonade herausholen, als er den hungrigen Blick der alten Frau sah. Also griff er zu einem Schokoriegel und reichte ihn der Frau. Dankbar nahm sie die Süßigkeit und lächelte ihn an.

Und es war ein wundervolles Lächeln! Der kleine Junge wollte dieses Lächeln noch einmal sehen und bot ihr auch eine seiner Limonaden an. Und sie nahm die Flasche und lächelte wieder – noch strahlender als zuvor. Der kleine Junge war selig.

Die beiden saßen den ganzen Nachmittag lang auf der Bank im Park, aßen Schokoriegel und tranken Limonade – aber sprachen kein Wort.

Als es dunkel wurde, spürte der Junge, wie müde er war und er beschloss, zurück nach Hause zu gehen. Nach einigen Schritte hielt er inne und drehte sich um. Er ging zurück zu der Frau und umarmte sie. Die alte Frau schenkte ihm dafür ihr allerschönstes Lächeln.

Zu Hause sah seine Mutter die Freude auf dem Gesicht ihres Sohnes und fragte: „Was hast du denn heute Schönes gemacht, dass du so fröhlich aussiehst?"

Und der kleine Junge antwortete: „Ich habe mit Gott zu Mittag gegessen – und sie hat ein wundervolles Lächeln!"

Auch die alte Frau war nach Hause gegangen, wo ihr Sohn schon auf sie wartete. Auch er fragte sie, warum sie so fröhlich aussah. Und sie antwortete: „Ich habe mit Gott zu Mittag gegessen – und er ist viel jünger, als ich gedacht habe."

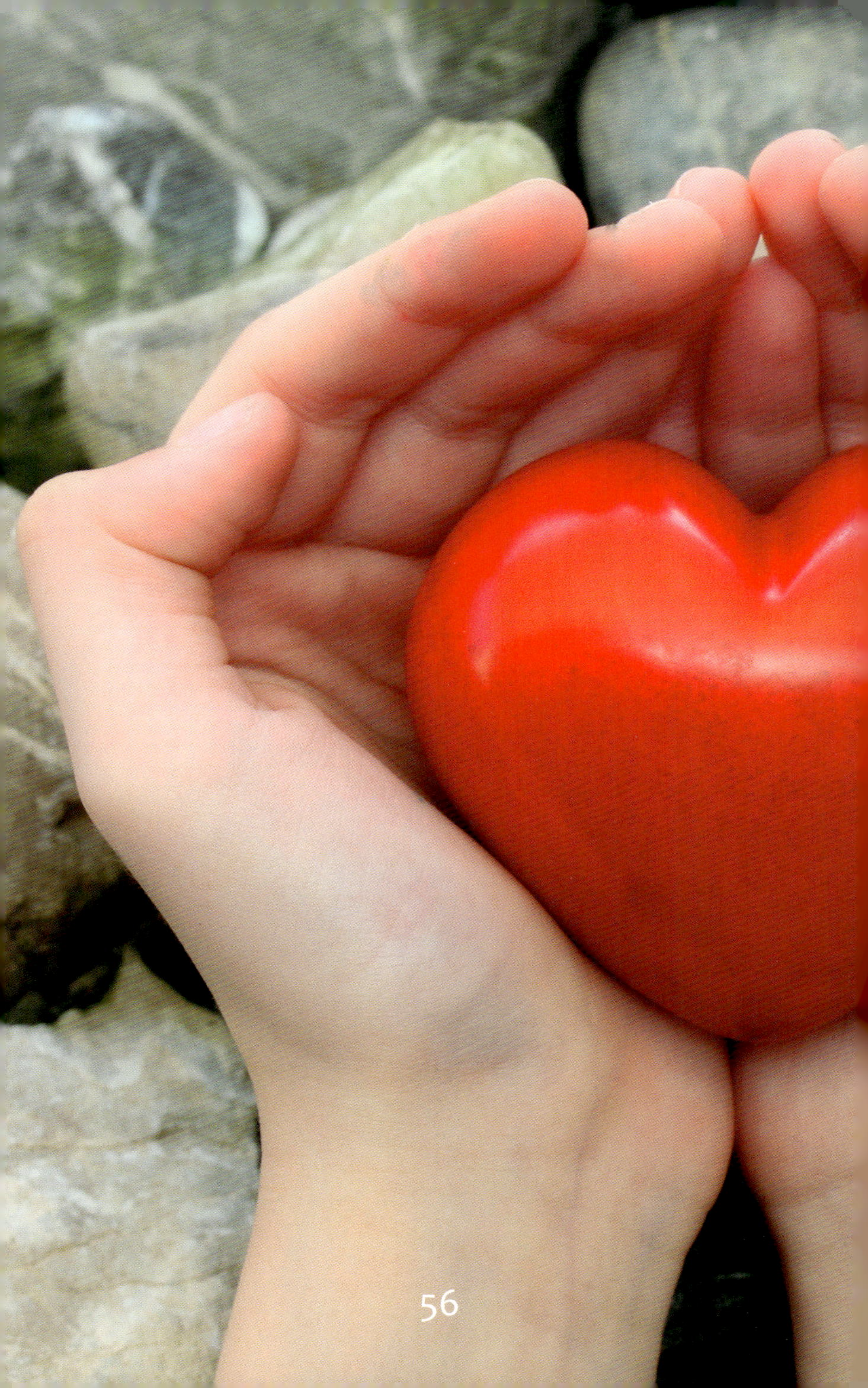

Was ihr für einen meiner geringsten Brüder oder für eine meiner geringsten Schwestern getan habt, das habt ihr für mich getan.

Matthäus 25,40

Liebe verschenken

„Deine Geduld möchte ich haben", sagte ein Veilchen zur Schlüsselblume, "noch nie hast du ein Tor aufgeschlossen und doch lässt du jedes Jahr deine nutzlosen Schlüsselkelche sprossen. Wenn das keine Vergeudung ist!"

Die Schlüsselblume antwortete: „Vergeuden, mein liebes Veilchen, kann auch eine andere Form der Liebe sein. Wer blüht, weil er liebt, fragt nicht nach dem Zweck seines Blühens. Liebende haben Geduld und verschenken sich tausendfach. Liebenden ist kein Maß gesetzt. Ohne Liebe kein Leben - ohne Geduld kein Wachsen."

Liebe von Gott empfangen und Liebe weitergeben ist der schönste Kreislauf des Lebens. Wir leben, weil Gott uns liebt und geschaffen hat. Er sehnt sich nach Gemeinschaft mit uns. Das gibt unserem Leben ein stabiles Fundament, von dem aus wir für andere blühen können. Ich wünsche Ihnen, dass Sie in Ihrem neuen Lebensjahr aufblühen, weil Sie erkennen, wie sehr Sie von Gott geliebt sind.

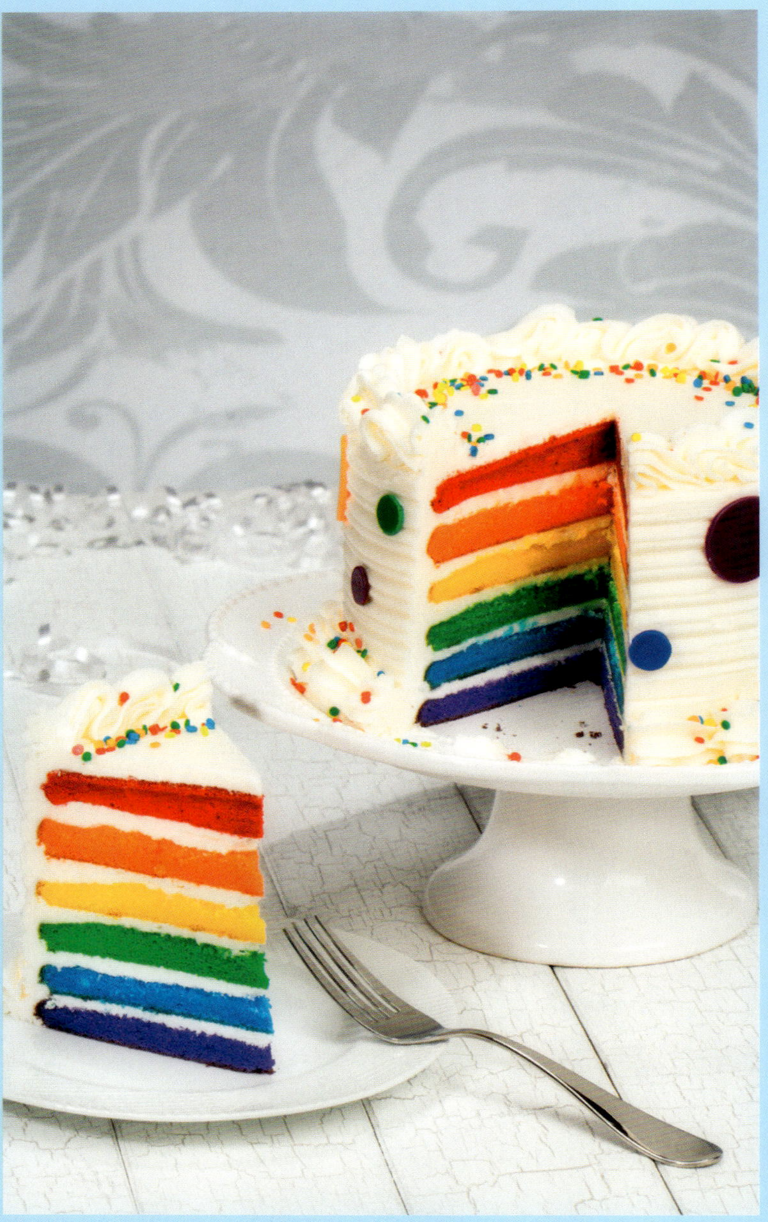

Der Herr ist freundlich

Wer wünscht sich nicht solch eine leckere und bunte Torte zum Geburtstag. Am liebsten selbst gebacken und nicht aus der Gefriertruhe aus dem Supermarkt. Diese bunte Torte hat mich begeistert, da sie eine Torte mit einer ganz besonderen Füllung ist. Mit der Füllung und dem Geschmack des Regenbogens. Eine wunderbare Sorte und herrlich zu genießen.

Diese Torte schmeckt nach Liebe, nach Hoffnung, nach Leben und nach Licht. Gott möchte uns mit all dem beschenken und versorgen. Denn er selbst ist Liebe, Hoffnung, Leben und Licht. Wir dürfen seine Liebe und Hoffnung, sein Leben und sein Licht schmecken. Schmecken und Genießen sind etwas sehr Lebendiges. Die frohe Botschaft der Bibel ist nicht einfach eine Theorie. Nehmen Sie sich ein Stück Regenbogentorte und schmecken Sie selbst, wie freundlich der Herr ist.

*M*ögest du Ruhe finden,
wenn der Tag sich neigt
und deine Gedanken
noch einmal die Orte aufsuchen,
an denen du heute Gutes erfahren hast.
Auf dass die Erinnerung dich wärmt
und gute Träume
deinen Schlaf begleiten.

Irischer Segenswunsch

Text- und Bildnachweise:

Seite 7-8	Phil Bosmans, „In die Natur ist ein Geheimnis", aus: Ders., Sonnenstrahlen der Liebe. Aus dem Niederländischen übertragen von Ulrich Schütz, © Verlag Herder GmbH, Freiburg i. Br. 2004, S.19
Seite 12-14	aus dem Internet, ekiba.de, Verfasser unbekannt
Seite 17-19	Quelle unbekannt, neu erzählt
Seite 37	Quelle unbekannt
Seite 45	Quelle unbekannt
Seite 47/48	Quelle unbekannt, neu erzählt
Seite 53-55	Quelle unbekannt, neu erzählt
Seite 59	Quelle unbekannt
Seite 1	Fotolia/fotoknips
Seite 2	Fotolia/tashka2000
Seite 6	Fotolia/kbuntu
Seite 9	Fotolia/Grecaud Paul
Seite 11	Fotolia/bilderstoeckchen
Seite 12	Pixelio/Rainer Sturm
Seite 15	Fotolia/Kostia
Seite 16/56/57	Fotolia/ChristArt
Seite 19	Fotolia/Barbara-Maria Damrau
Seite 22	Fotolia/Alexandr Vasilev
Seite 24	Fotolia/dusk
Seite 29	Fotolia/helmutvogler
Seite 30/31	Fotolia/Panaramka
Seite 32	Fotolia/Calin Tatu
Seite 35	Fotolia/calmlookphoto
Seite 36	Fotolia/MarkRubens
Seite 38	Fotolia/Romolo Tavani
Seite 42	Fotolia/roblan
Seite 44	Fotolia/pfpgroup
Seite 46	Fotolia/Maksim Shebeko
Seite 49	Fotolia/Chiffana
Seite 50/51	Fotolia/fottoo
Seite 52	Fotolia/Halfpoint
Seite 55	Fotolia/rockvillephoto
Seite 58	Fotolia/gitusik
Seite 60	Fotolia/jfunk
Seite 62	Fotolia/hufnasi

© Verlag Wort im Bild GmbH, Altenstadt 2015
Bildbandreihe Herzliche Segenswünsche
Redaktion, Gestaltung und Texte ohne Kennzeichnung:
Miriam Roll - Druck: Wort im Bild, Altenstadt/Hessen

Diesen Bildband (Ausgabe 2015) gibt es in gleicher Ausstattung mit unterschiedlichen Titelblättern:

Best. Nr. 878.968
Herzliche Segens-
wünsche zum
Geburtstag

Best. Nr. 878.763
Herzliche Segens-
wünsche zum
70. Geburtstag

Best. Nr. 878.889
Herzliche Segens-
wünsche zum
75. Geburtstag

Best. Nr. 878.884
Herzliche Segens-
wünsche zum
80. Geburtstag

Best. Nr. 878.767
Herzliche Segens-
wünsche zum
85. Geburtstag

Best. Nr. 878.838
Herzliche Segens-
wünsche zum
90. Geburtstag

Außerdem lieferbar:
Best. Nr. 878.782   Herzliche Segenswünsche zum 95. Geburtstag
Best. Nr. 878.885   Herzliche Segenswünsche zum Geburtstag
                     von Ihrer Kirchengemeinde